AF453248

Paolo Matei Pinx.
J. Langlois Sculp.
TRAITÉ DE
GEOGRAPHIE
DEDIÉ
A MADEMOISELLE
CROZAT

TRAITÉ

DE

GEOGRAPHIE,

Qui donne la connoiſſance &
l'uſage du GLOBE & de
la CARTE.

Par P. DU VAL Geographe ordinaire
du Roi.

Revû, corrigé & augmenté ſur les Ma-
nuſcrits de l'Auteur, par le R. Pere
PLACIDE Auguſtin Déchauſſé, Geographe du Roi.

A PARIS,

Chez Mademoiſelle DU VAL Fille de l'Auteur,
ruë S. Jacques, au Dauphin d'or, vis-à-vis
la ruë de la Parcheminerie.

M. DCCIV.

AVEC PRIVILEGE DU ROY.

A

MADEMOISELLE

CROZAT.

ADEMOISELLE,

Je vous presente une nouvelle Edition du Traité de Geographie, que vous possedez à un point, que vous en penétrez facilement toutes les difficultez que d'autres auroient peine à entendre ; & que vôtre seu-

EPITRE.

le memoire suffiroit pour le rendre au
Public.   Ce n'est donc pas, MA-
DEMOISELLE , pour vous
donner de nouvelles lumieres, que
j'y mets vôtre nom ; mais plutôt
pour vous marquer mon estime, &
faire connoître à tout le monde , que
s'il n'est pas nouveau de voir des
personnes de vôtre Sexe exceller
dans toutes les Sciences , il est ce-
pendant tres-rare à vôtre âge, d'a-
voir une conception si vive, un ju-
gement si solide, & une memoire si
heureuse, qu'à cinq ans vous ayez
sçû tous les termes de Geographie,
& en ayez fait les demonstrations,
sur le Globe & sur les Cartes. Ce qui
est d'autant plus digne de loüanges,
que l'Histoire, la Geographie, le Bla-
zon & les Exercices qui conviennent
à vôtre Sexe , ont été precedez des
solides principes de la Religion, dont
vous faites tous les jours vôtre pre-

EPITRE.

miere & principale occupation. Quel
bonheur pour vous, *MADEMOI-
SELLE* ? Quel contentement pour
des Parens de joüir d'un si heureux
succés de leur attention & de leur
tendresse ? Quel avantage pour vôtre Sexe, que l'on borne si souvent
aux seuls soins d'une maison, qui
seroit sans doute mieux administrée,
si toutes les personnes capables des
mêmes connoissances, avoient une
pareille éducation. J'espere, *M A-
DEMOISELLE*, que le progrés
que vous continuerez de faire dans
la Geographie, me procurera encore
l'occasion de vous offrir d'autres Ou-
vrages, & de vous donner de nouvelles assûrances que je suis,

MADEMOISELLE,

Votre tres-humble & tres obéis-
sant Serviteur le P. PLACIDE
Augustin Déchaussé, Geo-
graphe du Roi.

PREFACE.

CEUX qui sçavent la Geographie, ont de grands avantages pour la lecture de l'Histoire, & reconnoissent que la Carte les rend fort éclairez en leurs affaires. Ils avoüent qu'il n'est pas moins séant aux Hommes qu'aux Bêtes de connoître la disposition de sa demeure, & reçoivent apparemment du plaisir lorsqu'ils voyagent, ou en leurs Provinces, ou

en des Regions éloignées.
La Chronologie & la Ge-
nealogie, à la verité, sont
neceſſaires pour bien poſſe-
der l'Hiſtoire, mais ce n'eſt
qu'enſuite de la Geogra-
phie ; on demande ordi-
nairement *où* , *quand* , &
par qui les choſes ont été
faites. D'ailleurs, ſuivant
la ſupputation ordinaire ,
Dieu ayant créé la Terre
plutôt que le Temps &
l'Homme;il ſemble que l'on
doive premierement con-
noître les Lieux , & que ce
n'eſt qu'aprés cela que l'on
doit ſçavoir la ſuite du tems
& les Hommes Illuſtres.

TABLE

DES

MATIERES PRINCIPALES.

DE

DE LA
GEOGRAPHIE·

A Geographie eſt la Deſ-
cription de la Terre, l'un
des Elemens, qui avec les
Cieux compoſent le Mon-
de. La connoiſſance des Elemens &
de leur nature, eſt de la Phiſique ;
celle des Cieux appartient à l'Aſtro-
nomie, & celle du Monde en general à la Coſmographie.

La Terre & l'Eau ne font qu'une
boule, d'où vient que la deſcription
de l'Eaü ſemble appartenir à la Geographie, auſſi-bien que celle d'une

A

Region, & celle d'un Lieu particulier. Les Grecs qui ont eu les Sciences & les Arts plûtôt que nous, ont donné à toutes ces defcriptions, des noms qui en France font devenus François. Ils ont appellé la Defcription de l'Eau *Hidrographie* ; la Defcription d'une Region *Chorographie*; & la Defcription d'un Lieu particulier *Topographie*.

Pour reprefenter la Terre & l'Eau, l'on a inventé des Globes & des Planifpheres ou Mappemondes, que l'on appelle ordinairement Cartes generales. Il y a des Cartes marines pour l'Hidrographie, des Cartes particulieres pour la Chorographie, & des Plans de Villes ou d'autres Cartes geometriques pour la Topographie. Les Cartes generales & les Cartes particulieres, font celles dont l'ufage eft commun en Geographie.

Il y a deux reprefentations de la Terre avec l'Eau, l'une par le Globe & l'autre par le Planifphere : celle du Globe eft plus naturelle que celle du

Planifphere, & il s'y trouve autant
& plus de difference qu'il n'y en a
entre une figure en relief, & une en
peinture platte. Pour voir en quelque façon la conftruction du Planifphere, il faut fe reprefenter les deux
moitiez du Globe applaties fur une
Table, où elles ne laiffent que les lignes & les autres marques qu'elles
portent, encore faut-il que quelque
regle de perfpective y foit obfervée.
Les noms de *Sphere*, de *Globe*, &
de *Boule*, fignifient la même chofe ;
celui de Sphere eft Grec, celui de
Globe eft Latin, & celui de Boule
François.

DU GLOBE TERRESTRE

ET DES

CARTES GEOGRAPHIQUES.

LE Globe Terreftre eft une boule, ou plûtôt un corps folide
renfermé dans une furface fpheri-
que, fur laquelle on reprefente la
Terre & l'Eau, avec des Cercles &

A ij

des Points, qui correspondent à ceux
que l'on figure en la surface conca-
ve ou interieure du Ciel des Etoilles.
Ces cercles & ces points ont été in-
ventez par les Astronomes & par les
Geographes, pour mieux represen-
ter la correspondance du Ciel avec
la Terre. Le Globe est enchassé dans
un grand cercle, ou de cuivre, ou
d'autre matiere ; en telle sorte qu'il
peut tourner par le moyen de son
essieu, dont les deux bouts sont appellez Poles, celui de haut Arctique,
celui de bas Ant-arctique.

On y fait état de huit Cercles,
dont il y a quatre grands, l'*Equa-*
teur, le *Zodiac*, le *Meridien*, l'*Hor-*
rizon ; & quatre petits, le *Tropique*
de Cancer, le *Tropique de Capricor-*
ne, le *Cercle du Pole Arctique*, le
Cercle du Pole Ant - arctique. Les
grands cercles font le plus grand
tour, & divisent le Globe en deux
parties égales ; ils ont un même centre que la Terre. Les petits cercles
font tous tirez d'Occident en Orient,
marquez d'une double ligne, & d'une

circonference plus petite que ne font
les grands ; ils coupent le Globe en
deux parties inégales ; ils ont leur
centre different de celui de la Terre, & cela de particulier, qu'ils bornent les zones.

L'Equateur, dit autrement la ligne Equinoctiale, est assis entre les
Poles dans une égale distance de l'un
& de l'autre : il marque 360. Degrez,
qui font ceux de Longitude. Le Zodiac qui biaise de çà & de là l'E-
quateur ; en fait voir autant pour
les douze Signes, fous lesquels le
Soleil fait fon tour ; fçavoir 30. Degrez pour chaque Signe. Le Meridien va d'un Pole à l'autre. Tous
les Cercles qui font tirez de la même maniere, font appellez Meridiens : Celui duquel on commence
à compter les Degrez de Longitude
fur l'Equateur, eft dit premier Meridien : Celui qui eft élevé fur le
Globe, eft nommé grand Meridien,
& on peut le faire paffer fur tous
les autres Meridiens : Il a en fa moindre circonference deux fortes de chi-

fres , dont celui que nous voyons à
nôtre gauche , lorsque le Pole Arctique est justement en-haut , marque
les Degrez de Latitude , depuis l'E-
quateur jusqu'à chacun des Poles ; &
celui que nous voyons à nôtre droite , lorsque le Globe a la même disposition , fait voir les Degrez d'E-
levation , depuis les Poles jusqu'à
l'Equateur : Les Climats sont marquez en la plus grande circonference , & à côté des Degrez de Latitude
de ce même grand Meridien. L'Horizon supporte le Globe , & a en sa
surface trois principaux Cercles : Celui qui est le plus en dedans repre-
sente les figures des Signes du Zodiac
avec leurs noms & le chifre de leurs
degrez : Celui du milieu contient le
Calendrier , c'est-à-dire , les noms des
Mois avec le chifre des Jours de l'année : Et le troisiéme qui fait le plus
grand tour ; marque les noms des
Vents , & des Quartiers du Monde ,
suivant leur disposition.

Ceux qui font un dénombrement
de dix-Cercles , ajoûtent aux huit

dont nous avons déja fait mention,
les deux Colures ; on ne les trouve
que dans la Sphere, ſi ce n'eſt que
l'on veüille appeller Colures les deux
Cercles des Meridiens, qui paſſent,
l'un par les points des Equinoxes,
qui ſont les premiers Degrez des Signes du Belier & de la Balance ; &
l'autre par les points des Solſtices,
qui ſont les premiers Degrez des Signes du Cancer & du Capricorne.

Les Lignes qui ſont tirées du couchant au levant de dix en dix Degrez, & qui coupent les Meridiens,
ſont appellées Paralleles, à cauſe
qu'elles ſont éloignées entr'elles d'u-
ne diſtance égale.

Outre les Lignes ſus-nommées, il
y a le Cercle Horaire vers le Pole
Arctique ſur le grand Meridien. On
voit ſur ce Cercle vingt - quatre
heures, & une aiguille attachée à
l'eſſieu du Globe, pour tourner lorſque l'on tourne le Globe, & pour
montrer les heures ſur ce Cercle
Horaire. Les douze heures depuis
midi juſqu'à minuit y ſont dans le

demi-cercle d'Orient, en commen-
çant à les compter en bas, & finissant
en haut ; & celles depuis minuit jusqu'à midi s'y trouvent dans le demi-cercle d'Occident, en allant de
haut en bas ; d'où vient que contre
la regle des montres ordinaires,
l'heure de midi est au bas du Cercle
Horaire.

Les gros Globes & les grandes Mappemondes, ont encore des Lignes qui
s'entrecoupent en plusieurs endroits,
& qui marquent les vents.

Voilà ce qui est du Globe Terrestre, qui a plusieurs choses commu-
nes avec la Carte ; outre les parties
de la Terre & de l'Eau, on y voit en
l'un & l'autre, des Poles, des He-
mispheres, des Cercles, des Zones,
des Climats, des Degrez, des Habitans, des Regions, des Vents & des
Mesures.

Les *Poles* font des points, ou les
bouts de l'Essieu, lequel on se per-
suade passer par le centre de la Terre. Nous avons dit qu'il y a deux
Poles, l'un Arctique & l'autre Ant-

arctique. Le Pole Arctique eſt ainſi
appellé d'un mot Grec, qui ſignifie
la conſtellation de l'Ours voiſine de
ce Pole. On lui donne encore les
noms de Septemtrional, de Boreal :
& on nomme le Pole Ant-arctique
Meridional & Auſtral, à cauſe de
leurs aſſiettes, à cauſe des regions
du Monde qui en ſont proches, &
des vents qui ſouflent des endroits
où ils ſont. Le Pole Arctique eſt
vû de ceux qui ſont en la partie Septemtrionale ; le Pole Ant-arctique
l'eſt de ceux qui ſont en la Meridionale.

Les *Hemiſpheres* ſont les deux moitiez d'un Globe ou d'une Mappemon-
de. Nous appellons Superieur celui
où nous ſommes, & Inferieur celui
où ſont nos Antipodes.

Les *Cercles* ſont des lignes circulaires décrites ſur les Globes, & ſur
les Planiſpheres Terreſtres.

Aprés avoir diviſé ces Cercles en
grands & en petits, nous pouvons
encore les diviſer en Muables, qui
ſont ceux qui changent d'aſſiette ; &

en Fixes, qui ont toûjours une même place. Le Meridien & l'Horizon font muables, les fix autres Cercles font fixes. En faifant une troifiéme divifion, nous appellons le Zodiac, le Meridien & l'Horizon Cercles Obliques, leurs Poles étant differens de ceux de la Terre ; nous nommons les cinq autres Cercles Droits & Paralleles, parce qu'ils ont leurs Poles de même que la Terre a les fiens. L'*Equateur*, le *Zodiac*, le *Meridien*, l'*Horizon*, font expliquez à la fuite de ce Difcours ; de même que les *Zones*, les *Climats*, les *Degrez* & les *Mefures*.

On confidere les *Habitans* de la Terre, ou felon leurs Ombres, ou felon leurs Affiettes. Pour ce qui eft des Ombres, il y a des Amphifciens en la Zone Torride, des Héterofciens dans les Zones temperées, & des Perifciens dans les Zones froides. Les Amphifciens font ceux qui en diverfes faifons ont deux fortes d'Ombre, lorfqu'ils ont midi : ceux-là font Héterofciens, qui ayant midi ont feulement l'une ou l'autre Ombre : Les Perifciens voyent marcher leur Ombre autour d'eux. Pour ce qui eft des Affiettes, deux Habitans font dits Periéciens, ou Habitans autour, lorfqu'ils fe trouvent fous un même Meridien, & en des points d'un même Parallele diametralement oppofez, où en même temps ils ont les faifons pareilles, avec cette difference, que l'un a le jour pendant que l'autre a la nuit. On les appelle Antéciens, ou Contr'-Habitans, s'ils font en une même moitié de Meridien & en des Paralleles differens, lefquels neanmoins font également éloignez de l'Equateur. Enfin deux Habitans font Antipodes ou Contre-pieds; lorf-qu'ils fe trouvent en des parties de la Terre diametralement oppofées. On dit que faint Auguftin n'a pas crû qu'il y eut des Antipodes, & l'an 745. un Evêque de Saltzbourg fut ac-cufé d'herefie, parce qu'il maintenoit qu'il y en avoit. Il eft certain qu'il y en a fort peu, puifqu'en la plûpart de la furface du Globe Terreftre, il y

a de l'eau qui correfpond à de la terre , & de la terre qui correfpond à
de l'eau.

Il y a quatre *Regions* ou Quartiers
du Monde , le Septemtrion, le Midi , l'Orient ou le Levant , l'Occident ou le Couchant. Le Septemtrion doit toûjours être au haut des
Globes & des Cartes, le Midi en bas,
l'Orient à nôtre droite, & l'Occident
à nôtre gauche. Le Levant d'Eté eft
entre le Septemtrion & l'Orient ; le
Levant d'Hiver entre l'Orient & le
Midi ; le Couchant d'Eté entre le
Septemtrion & l'Occident ; & le
Couchant d'Hiver entre l'Occident
& le Midi.

Quatre *Vents* principaux , que
quelques-uns appellent Cardinaux ,
correfpondent aux quatre principales Regions du Monde : Le Nort au
Septemtrion, le Sud au Midi, l'Eft à
l'Orient , l'Oüeft à l'Occident. Les
Grecs ont appellé ces quatre Vents,
*Aparctias , Notos , Apeliotes , Ze-
phyros* ; les Latins leur ont donné
les noms d'*Aquilo , Aufter , Subfo-*

lanus, Favonius. Il y en à autant de Collateraux, & l'on en confidere huit autres fubalternes. Pour retenir la difpofition & les noms de tous ces Vents, il fe faut fouvenir que le Nort & le Sud en font les deux plus confiderables; que l'Eft & l'Oüeft le font enfuite. Que chaque vent collateral a fon nom compofé des noms des deux vents entre lefquels il fe trouve, & que dans ce nom compofé l'on met toûjours en premier lieu le nom du vent principal. Ces noms de vents font feulement en ufage fur l'Ocean; fur la Mer Mediteranée, on les appelle autrement. On fe fert quelquefois des noms des vents principaux, pour fignifier les Quartiers du Monde.

DE L'EQUATEUR.

CE grand Cercle eft ainfi appellé, parce qu'il divife la Terre en deux parties égales. Il eft l'Equidial des anciens, l'Equinoctial des modernes, la Ligne des gens de mer, & porte ce nom de Ligne par preference à tous les autres Cercles. Les habitans qui font deſſous, font eſtimez être au milieu du monde, tous leurs jours de même que leurs nuits font égaux ; c'eſt-à-dire de douze heures chacun. Le Soleil va fous l'Equateur deux fois en un an ; l'une, lorſqu'il commence à paſſer fous le ſigne du Belier ; l'autre, lorſqu'il entre dans le ſigne de la Balance ; c'eſt pour lors que nous avons les Equinoxes, c'eſt-à-dire les jours égaux aux nuits. Tous les habitans de la Terre les ont auſſi, & en même tems ; ſi ce n'eſt ceux qui feroient immédiatement fous les Poles : pour ces endroits-là, il y a continuation de jour ou continuation de nuit, à proportion de l'approche ou de l'éloignement du Soleil. L'Equinoxe du Printems arrive environ le vingt-uniéme de Mars, & celui de l'Automne le vingt-troiſiéme de Septembre. J'ai ajoûté ce mot d'*Environ*, parce que les Equinoxes reculent d'année en année ; & c'eſt pour cela que le Pape Gregoire XIII. fit le reglement qui fut publié en

France l'an 1582. qui fait avancer
l'année de dix jours plus que ne fait
le vieux ftile. Il faut obferver que le
Concile de Nicée tenu l'an 325. or-
donna que la Fête de Pâque fe feroit
toûjours le Dimanche d'aprés la pleine Lune qui fuit l'Equinoxe du Printems, lequel étoit cette année-là au
vingt-un de Mars. Cet Equinoxe ainfi déterminé politiquement, a-
voit l'an 1582. remonté de dix jours
vers le commencement de l'année.
Suivant un tel calcul, on doit paffer
trois jours en 400. ans ; de forte que
les années 1800. & 1900. qui de-
voient êtreBiffextiles,ne le feront pas,
comme 1700. ne l'a point été.

DU ZODIAC.

LEs Grecs ont ainfi appellé ce
Cercle, ou parce que le Soleil
qui va deffous donne la vie à la plûpart des chofes d'ici-bas, ou parce
que d'ordinaire les fignes y font re-
prefentèz fous la figure de divers ani-
maux. Les Aftronomes difent qu'ils

ont inventé une telle representation, enfuite de la difpofition des étoilles, & du naturel de ces bêtes imaginées, qui femblent avoir du rapport avec les effets que le Soleil produit quand il y arrive. Cette application eft en quelque maniere au deffus de nos conceptions ordinaires ; & à le bien prendre, on ne peut gueres connoî-tre la figure d'un Belier, plutôt que celle d'un Moulin à vent en la premiere conftellation, fi ce n'eft parce qu'elle en porte le nom. Le Zodiac, eft le feul cercle qui ait de la largeur, laquelle n'eft obfervée que dans les Spheres, & fa Ligne du milieu eft appellée Ecliptique, à caufe des Eclipfes du Soleil, qui fe font lorfque le Soleil & la Lune fe rencontrent fous les mêmes degrez de cette Ligne. Dans les Globes & dans les Mappemondes, le Zodiac eft reprefenté par deux demi-Cercles, qui reffemblent à deux arcs, & le refte de fa largeur y eft negligé. De même que dans les Spheres, il y divife l'Equateur, & l'Equateur le divife reciproquement en deux parties égales, dont l'une eſt vers le Pole Arctique, & l'autre vers le Pole Ant-Arctique : Les Points de ces diviſions ſont aux commencemens des Signes du Belier & de la Balance. Le Zodiac touche le Tropique de Cancer ; au premier degré du Signe de Cancer, & il touche le Tropique de Capricorne, au premier degré du Signe de Capricorne : Le Soleil, lorſqu'il eſt en ces endroits-là, ſemble retourner ſur ſes pas en faiſant le Solſtice d'Eté, & le Solſtice d'Hiver, c'eſt-à-dire le plus long & le plus court jour de l'année. Ainſi les deux Equinoxes & les deux Solſtices nous marquent les commencemens des quatre ſaiſons. L'on donne d'ordinaire un demi mois pour l'augmentation, ou pour la diminution ſenſible des jours.

Il y a douze Signes ; ſçavoir, ſix Septemtrionaux, & autant de Meridionaux : Les Signes Septemtrionaux ſont le Belier, le Taureau, les Gemeaux, l'Ecreviſſe, que les Latins nomment *Cancer*, le Lion, & la

Vierge. Nous avons le Printemps lorſque le Soleil eſt deſſous les trois premiers Signes, & nous avons l'Eté lorſqu'il eſt ſous les trois autres. Les ſix Signes meridionaux ſont la Balance, le Scorpion, le Sagittaire, le Capricorne, le Verſeau & les Poiſſons. Les trois premiers ſont parcourus du Soleil en Automne, & les trois autres le ſont en Hiver. Chaque Signe a de longueur trente Degrez, & de largeur huit ou dix de chaque côté, mais cette largeur ne ſe trouve deſignée que dans les Spheres, ainſi que nous avons dit. Pour bien retenir les noms & l'ordre des douze Signes du Zodiac, on ſe ſert de deux Vers Latins :

Sunt Aries, Taurus, Gemini, Cancer,
   Leo, Virgo ;
Libraque, Scorpius, Arcitenens, Ca-
   per, Amphora, Piſces.

Le Soleil eſt un mois à rouler ſous un Signe, & pour faire ſon cours ſous les douze, il employe l'année entiere. Pendant ce temps-là, il ſe trouve toûjours entre les Tropiques, allant de son propre mouvement du Septemtrion au Midi, & ensuite du Midi au Septemtrion ; ou plutôt, comme disent les Astronomes, d'Occident en Orient ; car en sa route journaliere, en laquelle il est emporté par le Ciel, que nous appellons premier Mobile, nous le voyons aller d'Orient en Occident ; bien que ce soit comme en biaisant ou serpentant. Pour sçavoir exactement le chemin que fait le Soleil, il faut seulement observer deux choses, *le Temps* de son cours, & *le Lieu* que l'on propose. Ce temps est connu sur l'Horizon, & rapporté sur le Zodiac qui est en la surface du Globe : & le Lieu proposé doit toûjours être mis au sommet. Cela est plus particulierement démontré en l'article de l'usage du Globe.

DU MERIDIEN.

ON voit sur les Globes & sur les Cartes generales 36. lignes tirées d'un Pole à l'autre qui femblent être des Meridiens, & qui n'en font pourtant que des demi, puifqu'un Meridien doit faire le tour entier du Globe, & que ces lignes n'en font chacune que la moitié. Elles font marquées de dix en dix degrez, & l'on en a ufé de la forte pour ôter la confufion, car on y en eut pû mettre autant qu'il y a de degrez & de minutes au Cercle. (On peut faire la même remarque des Cercles, qui font paralleles à l'Equateur.) Les lignes fufnommées ont été appellées Meridiens par les Latins, parce qu'au même temps que le Soleil fe trouve fur l'une d'entr'elles, il fait midi dans l'Hemifphere qu'il découvre pour tous les Païs, qui font fous cette ligne. Auffi-tôt que l'on change de place pour aller vers l'Orient, ou vers l'Occident, on change en même temps de Meridien. Le Meridien d'une Ville eft fixe & immuable, puifqu'il eft propre & particulier à cette même Ville qui ne change pas de place.

Deſſus les Globles & les Cartes de Geographie, on marque d'ordinaire en la partie la plus occidentale de nôtre Hemiſphere, un premier Meridien fixe & commun à tous les païs du Monde : C'eſt pour faire voir le commencement de la Longitude, & compter enſuite les dégrez des lieux ; c'eſt-à-dire compter d'Occident en Orient la diſtance qu'il y a entre ces lieux & le premier Meridien. Pour ce qui eſt de la Latitude, qui n'eſt autre choſe que l'éloignement d'un lieu à l'égard de l'Equateur, ou pour mieux dire, l'arc d'un Meridien entre l'Equateur & un lieu propoſé, chacun en eſt d'accord ; C'eſt pourquoi lorſque l'on fait mention des dégrez, & que l'on ne dit rien autre choſe, on entend parler de ceux de Làtitude ; & lorſque l'on dit ſimplement Latitude, on entend la Latitude ſeptemtrionale, parce que la plûpart des Terres ſont vers le Septemtrion, & ceux qui en écrivent demeurent d'ordinaire en de-çà de l'Equateur, c'eſt-à-dire en la partie septemtrionale. On n'a pû encore trouver aucun moyen pour sçavoir à quelle distance on est de l'Orient ou de l'Occident, ou plutôt de la ligne du premier Meridien, lorsque l'on est en pleine mer ; les Journaux des plus habiles Pilotes étant fort incertains pour ce sujet. L'usage de la Pendule est presentement d'une grande utilité pour connoître les Longitudes.

Il y a donc diverses opinions touchant la position du premier Meridien ; les anciens l'ont mis aux Isles Fortunées, que l'on appelle aujourd'hui Canaries ; quelques Modernes le placent entre Corvo & Flores qui sont deux Isles les plus occidentales des Açores ; d'autres le font passer là où il leur plaît. Les anciens ne connoissoient point de Terres plus occidentales que les Canaries ; & les Modernes qui choisissent l'entre-deux de Corvo & Flores, disent que l'aiguille aimantée n'y a point de variation, ni de déclinaison du droit Nort ; le Pole de l'Aimant demeu-

rant à l'endroit où le premier Meridien coupe le Cercle du Pole Arctique. L'experience a fait voir que
ces déclinaiſons de l'aiguille, ne ſont
ni égales, ni regulieres ; & qu'en
d'autres endroits de la Terre elle re-
garde le droit Nort. D'ailleurs, on
dit que la direction de l'aiguille aimantée eſt toûjours au milieu de la
grande Terre, ou de la grande Mer,
& que ſa variation ſe fait plus ou
moins, à proportion que l'on approche de la grande Terre, lorſqu'on eſt ſur Mer. Mais il faut plutôt avoüer que l'on ne ſçait, ſi c'eſt
l'Aimant, ou la Terre, ou les Aſ-
tres qui en ſont la cauſe ; & l'on aura raiſon de dire, que le Pole de l'Aimant eſt auſſi peu connu que le mouvement des Cieux & de la Terre :
C'eſt pourquoi, il ſemble que le
premier Meridien peut auſſi - bien
être placé en un lieu qu'en un autre. Neanmoins puiſqu'en la Geographie ancienne il eſt déja mis
aux Canaries, il ſemble qu'il y a
neceſſité de l'y continuer, pour é-

viter l'embarras qui s'ensuivroit si on le change. De plus, cette position est conforme à la resolution qui fut prise le 25. d'Avril de l'an 1634. par les plus fameux Mathematiciens de l'Europe assemblez dans l'Arcenal de Paris, par ordre du Cardinal Duc de Richelieu. Il y fut dit, que l'on feroit passer la ligne du premier Meridien par l'Isle de Fer la plus occidentale des Canaries, & que la ligne du Sud, seroit placée sous le Tropique de Cancer. Ces deux Lignes ont été appellées Lignes d'amitié, car elles ont été marquées pour borner vers le couchant & vers le midi, les espaces ou on doit observer les articles des traitez de paix, sans y exercer aucun acte d'hostilité.

Entre les autres positions du premier Meridien, il y a celle du Pape Alexandre VI. 36. degrez au Couchant de Lisbone : Celle de la Demarcation, qui fut faite par les Espagnols & par les Portugais 370. lieuës au Couchant des Isles du Cap-Verd :

Verd : Celle des Hollandois, à la Montagne de Pic en l'Isle Teneriffe l'une des Canaries : Celle des Arabes au Détroit de Gibraltar : Celle des Espagnols à Tolede : Celle de Tycho-Brahé à Vranibourg en l'Isle Wen.

Les anciens qui ne s'exposoient pas volontiers sur l'Ocean, regloient leur navigation par le mouvement de la Lune & par les Eclipses.

DE L'HORIZON.

L'Horizon ou borneur est un grand Cercle muable, qui divise toute la Terre en deux parties égales, l'une superieure ou visible, & l'autre inferieure ou cachée. Il est également éloigné en toutes ses parties, de ce, dont il est dit Horizon : son Pole d'en-haut est nommé Zenith, & son Pole d'en-bas Nadir. Ces mots sont Arabes, & les points qu'ils representent sont presque infinis, aussi-bien que les Horizons ; car il est impossible de changer de lieu, qu'en même temps on ne change de Zenith, de Nadir & d'Horizon. Il est bien vrai que deux habitans qui seroient justement Antipodes pourroient avoir un même Horizon ; mais il y auroit cette difference, que le Zenith de l'un seroit le Nadir de l'autre. L'Horizon est toûjours oblique, si ce n'est lorsque les Poles le rasent, ou que l'un de ces Poles est directement en haut, & l'autre en bas. Sur les Globes, l'Horizon sert à marquer les points où le Soleil se leve & se couche, & pour lors on l'appelle Intelligible ou Rationel.

L'Horizon Sensible est un Cercle qui borne autour de celui dont il est dit Horizon, tout ce qu'il peut découvrir en une plaine, ou en pleine Mer lorsqu'elle n'est point agitée. Comme il ne peut être que d'une petite circonference, il divise la Terre inégalement ; car la partie que l'on y voit est bien plus petite que celle que l'on n'y voit pas. Cet Horizon peut être plus ou moins grand, selon les diverses assiettes où l'on se rencontre.

On dit que l'œil de l'homme élevé sur l'Horizon d'un Pas Geometrique, peut découvrir trois milles d'I-
talie ; qu'il en peut découvrir quatre étant élevé de deux des mêmes
Pas, & ainsi à proportion suivant le
calcul ci-aprés.

L'œil dans une hauteur de	Pas Geometriques peut découvrir	Milles d'Italie.
1...	...	3
2...	...	4
4...	...	5
5....	...	6
7...	...	7
9...	...	8
12...	...	9
15...	...	10
21...	...	12
37...	...	16
59...	...	20

DES ZONES.

LEs espaces de la Terre qui se
trouvent entre les petits Cercles, sont appellez Zones d'un mot
Grec, qui signifie ceinture, & ces
Zones sont dénommées du plus ou

du moins de chaleur qu'elles ont de la proximité, ou de l'éloignement du Soleil. Elle font au nombre de cinq : Celle du milieu eſt nommée Torride, parce qu'elle eſt comme brûlée, étant entierement ſous la route de cet Aſtre : Les deux qui ſuivent ſont dites Temperées, à cauſe qu'elles ne ſont point ſujettes à des chaleurs exceſſives, ni à des froids violens : Les deux autres Zones qui ſe trouvent aux extremitez ſont appellées Froides, parce qu'elles renferment des Païs où il y a preſque toûjours des glaces.

La Zone Torride eſt entre les deux Tropiques, aux environs de la Ligne Equinoctiale, qui en fait deux parties égales. Des deux Zones temperées, l'une eſt ſeptemtrionale, entre le Tropique de Cancer & le Cercle Polaire Arctique ; l'autre eſt meridionale, entre le Tropique de Capricorne & le Cercle Polaire Antarctique. La Zone froide ſeptemtrionale eſt autour du Pole Arctique, renfermée dans le Cercle Polaire Ar-

&ctique ; & la Zone froide meridionale eft aux environs du Pole Ant-
arctique, au dedans du Cercle Polaire Ant-arctique.

La Zone Torride a 47. Degrez de
largeur du Midi au Septemtrion, chaque Temperée en a 43. & chaque
Froide 23. & demi. Tous ces Degrez
enfemble en font 180. qui eft la diftance qu'il y a d'un Pole à l'autre.
La Zone Torride a la plus grande
circonference, les Temperées l'ont
moindre, & les Froides l'ont encore
plus petite. Au défaut d'un Globe,
on les peut reprefenter par les cinq
doigts d'une main ouverte. Les cu-
rieux de l'Aftrologie attribuent à
chaque Zone un Planete particulier,
fçavoir Saturne à la Froide feptemtrionale, Mercure à la Froide meridionale, Venus à la Temperée feptemtrionale, Jupiter à la Temperée
meridionale, & Mars à la Torride.
Les anciens ont crû que la Zone torride étoit inhabitée, & ont eu la même opinion des froides ; mais la fuite du temps a fait voir le contraire,

bien que les parties de la Zone froide meridionale ne soient pas encore bien découvertes. Ceux qui sont deſſous ou aux environs de la Ligne Equinoctiale, ne reſſentent pas des chaleurs ſi grandes que quelques-uns ſe le perſuadent, à cauſe des vapeurs qui ſe levent chez eux, & qui ſe reduiſent en pluyes, & à cauſe de l'égalité de leurs jours & de leurs nuits.

DES CLIMATS.

LE nom de Climat étoit plus en uſage chez les anciens qu'il ne l'eſt chez les modernes; aujourd'hui pour exprimer l'aſſiette des lieux, on cite les degrez de latitude; & quand on parle d'un Climat, il ſemble que ce ſoit quelque païs renfermé dans de certaines bornes particulieres. La diviſion de la terre que l'on fait par Climats, eſt pour faire connoître l'accroiſſement & le décroiſſemeut des jours; de ſorte que l'on peut définir le Climat, une eſpace de terre, qui a en ſa fin ſon plus grand jour

plus long d'une demie heure, qu'il
ne l'a en son commencement. J'entend parler du jour qui dure depuis le
lever jusqu'au coucher du Soleil. Le
Parallele de jour, nommé autrement
Parallele de Climat, est une espace de
terre, où cette difference du plus
grand jour est d'un quart d'heure :
de sorte que deux de ces Paralleles
valent un Climat, & ils sont ainsi
appellez, afin qu'on les distingue des
Paralleles de l'Equateur, qui font des
Lignes tirées sur les Cartes d'Occident en Orient, pour regler la latitude. Le commencement de chaque
Climat est vers la Ligne Equinoctiale, & sa fin du côté du Pole, vers
lequel il s'avance ; & cela fait sa largeur : sa longeur est d'Occident en
Orient tout autour de la terre. Les
païs qui font sous un même Climat
ont une même longueur de jour &
de nuit, un même lever & un même coucher des astres, quoiqu'à differens temps.

Les Climats ne font pas égaux
en largeur les uns aux autres, car le

Globe étant en son assiette droite, c'est-à-dire ayant l'Equateur vers le sommet, la Terre a bien moins de pante vers cet Equateur qu'elle n'en a vers les Poles. Et ainsi le Soleil tournant tantôt de-çà tantôt de-là, sur la tête de ceux qui sont vers l'Equateur, ne peut pas leur augmenter ni diminuer les jours si sensiblement, qu'il fait aux habitans des païs où il ne porte ses rayons qu'obliquement. D'autre part, quand le Soleil approche des Tropiques, ces mêmes païs où il ne porte ses raïons qu'obliquement, reçoivent dans l'espace de peu de Degrez de latitude une grande inégalité de jours : C'est pourquoi l'augmentation d'une demie heure du plus long jour, occupe sur le Globe un espace d'autant plus grand ou large que le Climat est voisin de l'Equateur ; & cette augmentation a un espace d'autant plus petit ou étroit, que le Climat approche des Poles : D'où vient que le premier Climat est plus large que le second; que le second l'est plus que le troifiéme, & ainfi confecutivement. Ils conviennent à la verité en ce que tous ceux qui s'entrefuivent font differens entr'eux d'une demie heure. Aux païs qui font fous l'Equateur, les jours font égaux, parce que le Globe eft droit, & que l'arc du plus long jour, & l'arc du plus petit que l'on pourroit chercher fur l'Horizon, font égaux ; & plus l'affiette du Globe eft Parallele, c'eft-à-dire plus les Poles font éloignez de l'Horizon, plus l'arc du plus long jour eft grand, & l'arc du plus court jour petit, fur le même Horizon ; c'eft auffi pour cela que les païs qui font vers les Poles ont leurs jours fort longs en Eté, & fort courts en Hyver.

Pour fçavoir combien les plus longs jours ont d'heures en quelque lieu propofé, il faut prendre la moitié du nombre des Climats de ce même lieu, & les ajoûter aux douze heures des jours de ceux qui font fous l'Equateur. Pour connoître le Climat, il en faut confulter la Table, où ayant trouvé le degré de la

titude du lieu que l'on propofe, l'on
a vis-à-vis les heures & les minutes
de fon plus grand jour, comme auffi
le chifre de fon Climat : Et fi l'on
compte deux fois le nombre du Climat, on a celui du Parallele de jour.

Voyez la Table des Climats
jointe à cette page.

Les Anciens n'ont compté que fept
Climats feptemtrionaux, & autant
de meridionaux : Ils faifoient paffer
le premier par Meroé, le 2. par Sye-
né, le 3. par Alexandrie, le 4. par
Rhodes, le 5. par Rome, le 6. par le
Borifthene, & le 7. par les Monts
Riphées. Ptolomée en a établi neuf;
mais on en compte aujourd'hui trente de chaque côté, fçavoir 24. jufqu'aux Cercles Polaires avec chan-
gement de demie heure, & les fix autres jufqu'aux Poles avec la difference de trente jours. Les Climats feptemtrionaux ont eu leur appellation
des principaux Païs, Villes, Ifles &
Rivieres où paffe le Parallele de leur

TABLE DES CLIMATS jusqu'aux Cercles Polaires

Les Climats	Les plus longs Jours (Heures Minuttes)	La Latitude de la Terre (Degrés Minuttes)
	12 0	0 0
I.	12 15	4 18
	12 30	8 34
II.	12 45	12 43
	13 0	16 43
III.	13 15	20 33
	13 30	24 11
IV.	13 45	27 36
	14 0	30 47
V.	14 15	33 45
	14 30	36 30
VI.	14 45	39 2
	15 0	41 22
VII.	15 15	43 32
	15 30	45 29
VIII.	15 45	47 20

Les Climats	Les plus longs Jours (Heures Minuttes)	La Latitude de la Terre (Degrés Minuttes)
	16 0	49 1
IX.	16 15	50 33
	16 30	51 58
X.	16 45	53 17
	17 0	54 29
XI.	17 15	55 34
	17 30	56 37
XII.	17 45	57 34
	18 0	58 26
XIII.	18 15	59 14
	18 30	59 59
XIV.	18 45	60 41
	19 0	61 18
XV.	19 15	61 53
	19 30	62 25
XVI.	19 45	62 55

Les Climats	Les plus longs Jours (Heures Minuttes)	La Latitude de la Terre (Degrés Minuttes)
	20 0	63 23
XVII.	20 15	63 50
	20 30	64 16
XVIII.	20 45	64 37
	21 0	64 55
XIX.	21 15	65 11
	21 30	65 25
XX.	21 45	65 36
	22 0	65 47
XXI.	22 15	65 57
	22 30	66 6
XXII.	22 45	66 14
	23 0	66 20
XXIII.	23 15	66 24
	23 30	66 28
XXIV.	23 45	66 30
	24 0	66 31

TABLE DES CLIMATS au dela des Cercles Polaires

Les Climats de Jours	Jours	Degrés Minuttes
		66 31
I.		
	31	67 22
II.		
	62	69 48
III.		
	93	73 37
IV.		
	124	78 30
V.		
	155	84 5
VI.		
	186	90 0

milieu. Les meridionaux n'ont eu leur nom que de leur assiette oppofée à celle des septemtrionaux. Aux endroits qui font fous les Cercles Polaires, le plus grand jour d'Eté dure bien vingt-quatre heures : Aux Païs qui font au de-là de ces Cercles, les jours augmentent par jours, par femaines & par mois entiers : D'où vient que les Climats qui font entre les Cercles Polaires & les Poles, font appellez Climats de jour ; au lieu que ceux qui font entre l'Equateur & les Cercles des Poles, font nommez Climats Horaires. Les Climats de jour, quand à la largeur, deviennent plus grands jufques fous les Poles où il y a fix mois de jour, & fix mois de nuit confecutifs ; le Soleil étant fur l'Horizon pendant qu'il fait les fix mois de jour, je dis les fix mois de jour en general, fans m'arrêter à la fupputation de ceux qui comptent feulement cent foixante-dix-huit jours & quelques minutes, pendant le cours du Soleil fous les fix Signes meridionaux, & cent quatre-vingt-fix jours, avec

B vj

quelque chofe de plus, pendant qu'il
eft fous les fix Signes feptemtrionaux.

DES DEGREZ.

LEs Degrez font ces parties de la
Terre, à la fin defquelles on fait
paffer les Lignes des Meridiens &
des Paralleles. Il y en a de deux fortes, de Longitude & de Latitude ;
ceux-ci font au nombre de trois cens
foixante, & ceux-là en pareil nombre ; peut-être à caufe que la plus
grande circonference du Ciel a douze Signes chacun de trente Degrez,
car trente multipliez par douze font
trois cens foixante. Les Degrez de
Latitude marquent l'éloignement de
chaque Païs à l'égard de l'Equateur,
& font connoître s'il y doit faire
chaud ou froid. Ceux de Longitude
font voir de combien un Païs eft é-
loigné du premier Meridien, & s'il a
plutôt midi qu'un autre : De forte,
que la Longitude eft confiderée du
Couchant au Levant : Et la Latitude en allant de l'Equateur vers leSep-

temtrion ou vers le Midi, à cause que les Anciens ont mieux connu les parties Occidentales & les Orientales, que celles du Septemtrion & du Midi. En effet, au temps de Ptolomée toute la Latitude de la Terre, tant de-çà que de-là l'Equateur, n'étoit estimée que d'environ quatre-vingt Degrez. D'ailleurs, on peut dire que les Degrez de Longitude sont comptez d'Occident en Orient, conformément au mouvement du Zodiac, & à la disposition de ses Signes & de ses Degrez. Quelques Modernes assûrent que les premieres navigations vers l'Orient, qui sont celles des Portugais, ont donné lieu à cette Longitude. Au contraire des autres nations, les Espagnols la comptent d'Orient en Occident, à cause de leurs conquêtes dans les Indes occidentales, ou bien à cause de la route journaliere du Soleil.

Les Degrez de Latitude valent chacun vingt lieuës de France, quinze lieuës d'Allemagne, soixante milles d'Italie. Le chifre de ces Degrez, tant vers le Septemtrion que vers le Midi eſt marqué à côté droit du grand Meridien des Globes, à droite & à gauche de chaque Hemiſphere des Mappemondes, & ſur les Lignes de droite & de gauche des autres Cartes de Geographie, pourvû qu'elles ſoient bien diſpoſées ; c'eſt-à-dire, qu'elles ayent le Septemtrion en haut. On donne cette region du monde aux Geographes ; & l'on remarque que la plûpart des peuples conquerans en ſont ſortis : Les Aſtronomes regardent le Midi pour obſerver les conſtellations du Zodiac : Le Levant eſt pour les Eccleſiaſtiques, & les Ecrivains des choſes ſaintes ; d'où vient que l'on place les maîtres Autels de nos Egliſes vers l'Orient, tant que la diſpoſition des lieux le permet : On laiſſe le Couchant aux Poëtes, parce qu'ils ont la reputation de faire de bons vers lorſque le Soleil eſt couché.

Les Degrez de Longitude ont leur entiere valeur ſous la Ligne Equinoctiale : Plus avant vers le Midi & vers le Septemtrion, ils diminuent ;

& fous les Poles, ils deviennent à rien. Comme ils font au nombre de 360. le plus grand tour de la Terre eft de 7200. lieuës Françoifes, de celles dont il faut 20. pour un Degré entier. Dans les Globes & Planifpheres, ces Degrez font marquez deffus l'Equateur : Dans les autres Cartes, ils fe trouvent fur les deux Lignes qui les bornent en haut & en bas. On commence à les compter du côté de nôtre main gauche en l'Hemifphere fuperieur, où l'on en trouve 180. chifrez de dix en dix : Les autres 180. qui reftent pour l'achevement des 360. font en l'Hemifphere de deffous.

Dans les Cartes particulieres chaque Degré eft d'ordinaire divifé en 60. Minutes, ou en des parties qui valent chacune, ou fix, ou dix de ces Minutes dont le chifre doit être marqué en plus petit caractere que celui des Degrez. Les Cartes qui reprefentent un petit Païs ne font pas toûjours accompagnées de leurs Degrez ; pour fupléer à ce défaut, l'on

a recours à une Carte plus generale
où ce Païs-là est compris. Un lieu
situé immediatement sous la Ligne
Equinoctiale n'a point de Latitude,
& un lieu sous le premier Meridien,
n'a point de Longitude ; si ce n'est
qu'on veüille dire qu'il est à trois cens
soixante Degrez de Longitude : Car
lorsqu'on fait mention de Degrez,
on entend parler de leur fin. On peut
considerer en chaque Païs trois sortes de Longitude, une petite vers
l'Occident, une grande vers l'Orient,
& une moïenne au milieu des deux.
On peut dire la même chose de la
Latitude, en la considerant du Midi au Septemtrion.

DES MESURES.

LE *Point* est le commencement
de toute grandeur. La *Ligne* n'a
que de la longueur, comme étant
formée de plusieurs Points continuez.
La *Surface* a de la longueur & de la
largeur, & consiste en plusieurs Lignes. Le *Corps* ou *Solide* a de la

longueur, de la largeur, de la profondeur ; ainsi, il a plusieurs Surfaces : Le Corps Spherique n'en a qu'une.

Le *Pouce* comprend douze Lignes, dont chacune est large de la grosseur d'un grain de bled. Le *Pied* de Roi à douze pouces ; la *Coudée* un pied & demi. La *Toise* est de six pieds, la *Brasse* est aussi grande que la toise. La *Perche* a ou 18. ou 20. pieds. L'*Aune de Paris* a 3. pieds & 8. pouces. Le *Pas commun* est de deux pieds & demi. Le *Pas Geometrique* a deux pas communs, & ainsi il se trouve avoir cinq pieds de Roi. Ceux qui font le Grain la moindre partie, donnent quatre grains au Doigt, quatre doigts au Palme, quatre palmes au Pied.

Le Pas Geometrique est la mesure la plus certaine ; par son moyen l'on peut regler les lieuës & les milles, tant des anciens, que des modernes. Le Mille Romain valloit 1000. Pas Geometriques : Il étoit designé par quelque pierre taillée ou en

colonne, ou en quelqu'autre figure;
d'où vient que chez les Latins, *Ad
secundum Lapidem*, veut dire à deux
Milles. Le *Stade* des Grecs compre-
noit 125. pas Geometriques. Il y a-
voit 3750. de ces pas dans le Farsan-
gue des Perses : Quelques-uns le fai-
soient plus petit , & d'autres plus
grand. Le *Schene*, c'est-à-dire la corde des Egyptiens étoit ou de 2500.
ou de 5000. ou de 7500. Pas Geometriques. L'ancienne lieuë Gau-
loise en valoit 1500. La lieuë de
France en vaut 3000. celle d'Espagne 3400. celle de Suisse 5000. Le
mille d'Italie en a 1000. celui d'Allemagne 4000. La lieuë de Suede
en a 5000. celle de Hongrie 6000.
Le mille d'Angleterre 1250. celui d'E-
cosse 1500.

Le Degré de Latitude comprend
60000. Pas Geometriques , & le
Degré de Longitude en a autant
sous l'Equateur. Ainsi on peut dire
que chacun de ces Degrez a 20.
lieuës de France, ou 15. Milles d'Allemagne , &c. Les Canadiens me-

furent par journées, les Chinois par l'efpace que peut être portée la voix d'un homme qui crie bien fort dans une plaine, lorfque le temps eft ferain. La journée d'un homme de pied doit être eftimée de 25. mille Pas Geometriques en Hiver, & de trente mille en Eté : le chemin de cet homme pendant une heure, revient à peu prés à une lieuë de trois mille de ces pas. Un homme à cheval peut faire 30. de ces lieuës dans un jour d'Hyver, & 37. en un jour d'Eté. A caufe des détours qui font dans les chemins, on trouve quelquefois un moindre nombre de lieuës, lorfque l'on mefure fur la Carte. La grandeur de la Terre peut être exactement connuë, fi l'on fuppofe qu'elle eft ronde, & fi l'on divife fon plus grand Cercele en 360. Degrez. Ces 360. Degrez étant multipliez par 20. lieuës de France ; il fe trouvera que fon plus grand tour eft de 7200. de ces mêmes lieuës, ainfi que nous avons dit.

Pour mefurer fur le Globe Terreftre la diſtance d'un lieu à un autre, il faut poſer les deux pointes d'un compas ſur les deux places que l'on propoſe, & porter·le compas ainſi ouvert ſur les Degrez de la Ligne Equinoctiale, ou ſur ceux du premier Meridien, & les Degrez qui s'y trouvent compris ſeront reduits en lieuës. Dans un Planiſphere, il faut conſiderer que les lieux que l'on peut propoſer, different ou en Longitude, ou en Latitude ; ou en Longitude & en Latitude tout enſemble ; En ce dernier cas, il faut avoir recours au Globe : S'ils ſont ſeulement differens en Latitude, il faut multiplier chaque Degré de leur difference par 20. lieuës de France, & le provenu en fait voir la diſtance. S'ils different ſeulement en Longitude, il faut avoir recours à la Table de la diminution de ces Degrez, où ayant trouvé en la premiere colonne les Degrez de Latitude, qui ſont propres aux lieux dont on veut ſçavoir la diſtance ; on voit vis-à-vis en la ſeconde colonne la valeur de cha-

TABLE DE LA DIMINVTION DES DEGRÉS DE LONGITVDE

Degrés de Latitude	Lieües d'Alle-magne	Minutes	Degrés de Latitude	Lieües d'Alle-magne	Minutes	Degrés de Latitude	Lieües d'Alle-magne	Minutes	Degrés de Latitude	Lieües d'Alle-magne	Minutes	Degrés de Latitude	Lieües d'Alle-magne	Minutes	Degrés de Latitude	Lieües d'Alle-magne	Minutes
1	14	59	16	14	25	31	12	51	46	10	25	61	7	16	76	3	38
2	14	59	17	14	23	32	12	43	47	10	14	62	7	2	77	3	22
3	14	58	18	14	16	33	12	35	48	10	2	63	6	48	78	3	7
4	14	58	19	14	11	34	12	26	49	9	50	64	6	34	79	2	52
5	14	56	20	14	6	35	12	17	50	9	38	65	6	20	80	2	36
6	14	55	21	14	0	36	12	8	51	9	26	66	6	6	81	2	21
7	14	53	22	13	54	37	11	59	52	9	14	67	5	52	82	2	5
8	14	51	23	13	48	38	11	49	53	9	2	68	5	37	83	1	50
9	14	48	24	13	42	39	11	39	54	8	49	69	5	23	84	1	34
10	14	46	25	13	36	40	11	29	55	8	36	70	5	8	85	1	18
11	14	43	26	13	29	41	11	19	56	8	23	71	4	53	86	1	3
12	14	40	27	13	22	42	11	9	57	8	10	72	4	38	87	0	47
13	14	37	28	13	15	43	10	58	58	7	57	73	4	23	88	0	31
14	14	33	29	13	7	44	10	47	59	7	43	74	4	8	89	0	16
15	14	29	30	12	59	45	10	36	60	7	30	75	3	53	90	0	0

que Degré de Longitude reduit en lieuës d'Allemagne. Par exemple, deux places étant à quarante-huit Degrez de Latitude feptemtrionale, éloignées l'une de l'autre de vingt Degrez de Longitude, il faut multiplier chacun de ces vingt Degrez par dix, qui eſt la valeur d'un Degré de Longitude à quarante-huit Degrez de Latitude. La derniere colonne de cette Table fait voir les Minutes, qui au nombre de foixante compofent une lieuë d'Allemagne.

Voyez la Table de la Diminution des Degrez de Longitude, jointe à cette page.

Dans les Cartes particulieres, on prend aifément la diftance d'un lieu à l'autre, par le moyen de l'échelle & du compas. Si la diftance entre les lieux propofez y eſt plus grande que l'échelle, on ouvre le compas de la grandeur de cette échelle, & l'on compte en droite ligne, avec le compas ouvert de la forte, combien il y a de ces espaces d'un lieu à l'autre, en retenant toujours le nombre des lieuës de ladite échelle ; lequel on multiplie ensuite. Si vers la fin de ces applications de compas, il reste à mesurer une derniere distance plus petite que n'est l'espace qui se trouve entre les deux pointes du compas ouvert, il faut resserrer le compas suivant cette derniere distance, & l'appliquer ensuite sur l'échelle : pour lors les lieuës comprises dans l'ouverture du compas, ainsi resserré, seront ajoûtées à celles qui auront été trouvées par les premieres applications du compas ouvert de la longueur de l'échelle. Si l'éloignement proposé n'est pas si grand que l'échelle des lieuës (ce que l'œil peut voir aisément) on applique les pointes du compas, sur l'une & l'autre place ; & sur l'échelle, selon l'ouverture d'icelui, on trouve le chifre du nombre des lieuës pour la distance dont on fait la proposition. Lorsque l'on se sert du compas sur la Carte, il en faut mettre les pointes sur le

milieu de la marque des Villes, &
non pas fur les noms. S'il n'y a point
d'échelle dans la Carte où l'on veut
mefurer, ce qui arrive d'ordinaire
dans celles des grandes parties du
monde, on a recours aux Degrez de
Latitude, qui valent chacun vingt
lieuës de France, chacune de la valeur de trois mille Pas Geometriques.

DE L'USAGE DU GLOBE
TERRESTRE.

POur trouver la Longitude & la
Latitude d'une Ville, il faut
tourner le Globe, jufqu'à ce que la
Ville propofée foit fous le grand
Meridien ; car pour lors la Latitude
que l'on cherche eft perpendiculaire
à cette Villle-là, & la Longitude
fe trouve fur le degré de l'Equateur,
qui eft fous ce même grand Meridien.

Pour mettre au fommet un degré
de Latidude, il faut mettre dans
l'Horizon le pareil degré d'Elevation: & fi l'on veut obferver exacte-

ment le sommet d'un Globe qui est arrêté, il y faut remarquer le degré d'Elevation qui raze l'Horizon, & chercher en haut sur le grand Meridien, un pareil degré de Latitude, qui sera celui qui pour lors en marque précisément le sommet. L'Elevation n'est autre chose, que l'éloignement du Pole qui est en haut, de la partie de l'Horizon la plus proche. Cette Elevation est toûjours égale à la Latitude ; c'est-à-dire, à la distance qui se trouve entre l'Equateur & le sommet du Globe ; d'où vient que par les noms de Latitude & d'Elevation, on veut quelquefois signifier une même chose.

Pour monter le Globe Horizontalement pour Paris ; il faut trouver la Longitude & la Latitude de cette ville de Paris, mettre au sommet du Globe la Latitude, qui sera environ de quarante-neuf degrez, & rapporter la Longitude sous le grand Meridien. Il faut faire en sorte que le Pole Arctique du Globe soit vers le Septemtrion de l'Horizon ; & si l'on

veut

veut difposer le tout conformément aux Quartiers du Monde, on le fera aifément par le moyen de l'Aiguille aimantée d'une Bouffole, ou d'un Cadran folaire : Conduifant perpendiculairement un fil depuis le fommet du Globe, jufqu'à chacune des Regions du Monde, qui font fur l'Horizon, l'on verra fous ce fil les lieux qui font Orientaux ou Occidentaux, Septemtrionaux ou Meridionaux à l'égard de Paris.

Pour voir le cours du Soleil dans le Zodiac, par exemple le quinziéme jour du mois d'Août. Il faut chercher ce quinziéme fur l'Horizon du Globe, au Cercle des mois & des jours : L'ayant trouvé, on voit vis-à-vis, dans le Cercle des Signes de ce même Horizon, le vingt-troifiéme Degré du Signe du Lion, qui eft le Degré où pour lors eft le Soleil; & pour avoir cette demeure dans le Cercle du Zodiac marqué autour du Globe, il y faut chercher au Signe du Lion ce 23. degré, fuivant lequel on doit conduire prefque parallele-

C

ment à l'Equateur une Ligne qui tra-
cera le cours du Soleil. J'ai dit prefque parallelement, parce qu'il faut
qu'elle vienne finir au 24. degré du
Lion, au lieu qu'elle aura commencé au 23.

Pour fçavoir où il eft Midi à quelque heure propofée. On fuppofe
qu'en une heure de temps, le Soleil
fait 15. Degrez d'Orient en Occident.
Si c'eft avant Midi, l'on met autant
de fois quinze degrez, qu'il y a d'heures de refte jufqu'à Midi; & l'on compte ces degrez fur l'Equateur, en com-
mençant à nôtre Meridien, & en
allant vers l'Orient. Aprés cela on
trouve à la fin des degrez que l'on
a comptez, celui où paffe le Meridien qui defigne les païs où il eft midi à l'heure propofée. On fait la même chofe, fi c'eft aprés midi, mais
l'on va vers l'Occident.

Cela étant bien confideré, l'on ne
trouvera pas étrange fi de deux Vaif-
feaux qui prennent leur route, l'un
vers l'Orient, & l'autre vers l'Occident, & qui viennent fe rencontrer

vers le 180. Degré de Longitude, celui qui aura navigé vers l'Orient,
compte un jour plus que ne fait l'autre, & trouve qu'il eſt Dimanche, au
lieu que l'autre ne trouve que Same-
di. La raiſon de cela, eſt que celui
qui va vers l'Orient, va toûjours
vers le Jour, & rencontre bien plutôt le lever du Soleil que ne fait pas
l'autre : Et celui qui va vers l'Occident va toûjours perdant le jour, &
plus il va avant, plus tard le Soleil ſe
leve à ſon égard ; car il change ſes
heures de Midi ſans s'en appercevoir
& pourſuit toûjours ſon calcul ſelon
qu'il l'a commencé à ſon départ. De
ſorte qu'à 180. Degrez, celui qui va
vers l'Orient gagne douze heures d'a-
vance, & celui qui va vers l'Occident
en perd autant ; & tous deux en ce
lieu-là, trouvent en même temps la
difference de vingt-quatre heures, ce
qui eſt un jour entier. Ainſi on a le
jour plûtôt ou plus tard, à proportion
de ce que l'on va vers le Levant &
vers le Couchant ; & la diverſité des
heures de midi, fait la diverſité des
jours.　　　　　　　　　　C ij

Pour trouver l'heure du Soleil levant, & la longueur par exemple du quinziéme d'Août à l'égard de Paris; aprés avoir monté le Globe Horizontalement, on cherche la demeure du Soleil pour ce jour-là, & on le rapporte fous le grand Meridien. On met enfuite la touche du Cercle Horaire fur les douze heures du Midi, qui font au bas dudit Cercle ; & l'on tourne le Globe vers l'Orient, jufqu'à ce que le degré de la demeure du Soleil fe trouve dans l'Horizon; & pour lors, la touche montre l'heure du Soleil levant, qui eft cinq heures du matin. Comptant les heures depuis cinq jufqu'à douze, qui font fept, & en prenant autant pour le foir, cela fait quatorze, qui eft le nombre des heures qui compofent la longueur de ce jour-là. Le Soleil employe toûjours autant d'heures depuis fon lever jufqu'à midi, comme depuis midi jufqu'à fon coucher.

DE L'USAGE DES CARTES
GEOGRAPHIQUES.

POur se servir utilement des Cartes Geographiques, il y faut sçavoir trouver les Degrez, & prendre les Mesures. J'ai expliqué les Mesures ci-dessus.

Pour trouver les degrez d'un Païs ou d'une Ville, dans une Carte generale ; si ce sont des degrez de Longitude, il faut observer le Meridien de ce Païs ou de cette Ville proposée ; pour lors l'endroit où ce Meridien coupe l'Equateur, fait voir en son voisinage, sur ledit Equateur, le nombre desdits degrez de Longitude. Pour y trouver les degrez de Latitude, il faut suivre vers le Couchant ou vers le Levant le Parallele du lieu proposé, & on trouve avec leur chifre ces degrez de Latitude que l'on demande, au bout du Parallele sus-mentionné, proche les lignes circulaires qui bornent la Carte à droite & à gauche. J'ai dit que ces Meridiens & ces

Paralleles ne font que de dix en dix degrez ; voilà pourquoi, fi le lieu dont l'on demande les degrez n'eft pas immédiatement fous une de ces Lignes, il en faut fuppofer d'autres, avec la proportion requife.

Pour voir exactement les Degrez, la Carte particuliere eft bien plus commode que la generale ; car fi la Carte dont on fe fert eft bien faite, un fil, ou une regle que l'on y fait paffer perpendiculairement, ou fuivant la difpofition des Meridiens fur un lieu propofé, va rencontrer & avec juftefle les Degrez de Longitude, qui font fur le haut & fur le bas de la Carte ; & la même operation d'Occident en Orient y fait voir les Degrez de Latitude. L'on eft difpenfé de cette peine, lorfque les lignes des Meridiens & des Paralleles font tracées fur les Cartes. Il faut bien prendre garde que ces Cartes ayent le commencement de leur Longitude à l'Ifle de Fer : Dans les Cartes où cette Longitude eft comptée plus occidentalement, il en faut retrancher le fur-

plus, c'eſt-à-dire le nombre des Degrez qui ſe trouvent entre ce Meridien, qui eſt trop avancé vers le Couchant, & celui qui paſſe à cette Iſle
de Fer, où nous avons droit de poſer
le premier Meridien.

Une exacte Diviſion eſt encore ne-
ceſſaire pour un bon uſage des Cartes Geographiques. On la fait d'ordinaire avec des couleurs pour y marquer & renfermer juſtement l'étenduë de chaque Païs, & y faire voir
en même-temps par leur diverſité la
proximité des uns & des autres, ceux
qui ſont ſituez vers le Septemtrion,
vers le Midi, ou vers les autres quartiers du Monde. Comme la plûpart
des Enlumineurs n'ont pas la coñ-
noiſſance, ni les memoires neceſſaires pour cela ; en faiſant la diviſion
des Cartes, ils ſuivent les points qu'-
ils y trouvent, & qui ſouvent ſont
mis contre les regles de la nouvelle
Geographie ; & comme quelquefois
ils n'y en trouvent pas, ils conduiſent
leurs pinceaux le long des plus groſ-
ſes Rivieres, ou ſuivant leur caprice;

C iiij

& diftribuent ainfi aux Souverains, des Etats auffi grands & auffi petits qu'il leur plaît.

Voici ce que j'obferve dans mes Cartes, lorfque j'en fais les deffeins: Je me fers des Memoires les plus nouveaux, les plus particuliers, & felon mon fentiment les plus fideles : Je ne charge pas les Cartes generales de noms inutiles & fuperflus, afin de les rendre plus lifibles & moins embroüillées. Je donne ordre aux Graveurs d'y marquer les noms des Villes capitales en gros caracteres ; & tant qu'il eft poffible de n'y feparer point les fillabes, ou les lettres qui compofent le nom d'un Royaume ou d'une Province. Je leur fais corriger foigneufement la moindre faute qu'ils peuvent y avoir laiffée. Enfin, j'y fais faire les Divifions conformément à l'étenduë prefente des Etats & des Provinces. Et c'eft par ces circonftances, qu'on les peut connoître parmi celles des autres Auteurs, & qu'on les peut aifément diftinguer d'avec celles qui font contrefaites.

D'ailleurs j'ai fait plufieurs Cartes d'une nouvelle methode, fuivant laquelle on trouve d'abord & fans peine les places que l'on y cherche ; l'ufage en eft auffi aifé qu'il eft utile : Il eft commode à toutes fortes de perfonnes. Il eft certain que telle connoiffance de Geographie que puiffe avoir un homme, il ne peut avoir toûjours prefente la jufte pofition d'un nombre prefque infini de places dont les noms fe trouvent dans les Cartes ; & un novice en Geographie eft bien aife de trouver d'abord le peu qu'il defire fçavoir. Voici cet ufage.

Ces Cartes étant divifées en plufieurs quarrez qui ne font ni trop grands ni trop petits pour defigner la chofe ; il faut confulter les Tables Alphabetiques qui ont été dreffées pour icelles, & y ayant trouvé le nom propofé, le chifre qui eft aprés ce nom, defigne le quarré de la Carte, dans lequel ledit nom eft renfermé. Enfuite, pour trouver ledit quarré, il faut obferver le chifre du haut de cette Carte, & compter en

defcendant, jufqu'à ce que l'on rencontre celui que l'on demande.

DES PARTIES DE LA TERRE,
et de l'Eau.

ON a fouvent agité cette queftion,
Qui des deux eft plus grand, ou
la Terre, ou l'Eau ? L'on a crû que
c'étoit l'Eau, parce qu'elle environne
la Terre, & qu'elle la doit exceder,
comme elle eft excedée de l'Air ; mais
la découverte que l'on a faite nouvel-
lement de plufieurs Païs, nous laiffe
aujourd'hui dans l'incertitude ; & fi
l'on confidere qu'il y a de la terre
fous l'eau, & que la profondeur de
la Mer ne paffe guéres une lieuë, comme l'on dit avoir été reconnu par
une machine de nouvelle invention,
l'on avouera qu'il y a fans comparai-
fon beaucoup plus de Terre qu'il n'y
a d'Eau. On dit auffi, que la Terre
étant deftinée pour l'homme, elle
femble devoir être plus grande que
n'eft l'Eau ; & qu'il y a plus de Terre en la partie Septemtrionale, parce

que de ce côté-là, il y a dans le Ciel plus d'Etoiles qui ont la force de deſſécher les Eaux.

Les principales parties de la Terre, ſont les Regions & Royaumes, les Ville, les Iſles, les Preſqu'Iſles, les Côtes, les Caps, les Montagnes, les Iſthmes. Celles de l'Eau, ſont l'Ocean, & les autres Mers, les Golphes, les Ports, les Détroits, les Rivieres, les Lacs & autres.

Je donne ailleurs la Définition de toutes ces parties; j'en fais un dénombrement particulier en deux Tables, l'une Alphabetique, & l'autre Geographique, & me contente de dire ici ce qui ſuit.

Les Iſles ſont d'ordinaire attribuées à la partie du monde dont elles ſont les plus proches.

Les Montagnes qui ſe trouvent ſous la Zone Torride ſont beaucoup plus hautes que celles qui ſont ailleurs : & on a reconnu qu'il n'y a point de Montagne qui ait plus d'une lieuë d'Allemagne de haut, en ligne perpendiculaire ; l'on dit auſſi que la plus grande profondeur de la Mer eſt à proportion de ces hautes Montagnes, de même que ſa profondeur ordinaire à proportion des moyennes. La Cime des Montagnes en eſt le haut, le Dos le milieu, & le Pied le bas. Les Côteaux & les Terres ſont les diminutifs des Montagnes.

Les Mers pour la plûpart communiquent avec l'Ocean; quelques-unes ſont entre les terres, & reſſemblent à de grands Lacs. Le nom de *Mer* eſt plus general que celui d'*Ocean* ; car l'Ocean peut être appellé Mer en toutes ſes parties, & les autres Mers qui ne ſont point partie de l'Ocean, n'en peuvent point porter le nom. Les Mers ont ſouvent le nom des Terres qui en ſont proches, & rarement les Terres ont leur appellation des Mers. Le nom d'Ocean a été fort en uſage chez les Anciens, & les Modernes ſe ſont ordinairement ſervis de celui de Mer. Les gens de Mer diſent, qu'une Mer eſt ſans fond, lorſqu'elle a plus de deux cens braſſes de profondeur ; parce que la corde de leur ſon-

de n'a que cette longueur, le bras
d'un homme n'ayant pas la force de
manier comme il faut une plus lon-
gue corde.

Les Golphes portent le nom de
Sein & de Baye, lorsqu'ils ont peu
d'étenduë ; on leur donne les noms
de Marza & de Calle sur la Mer
Mediterranée. Le Port ou Havre est
aussi un petit Golphe, & la Rade un
lieu de bon abri pour les Vaisseaux.
On appelle Plage une espece de Mer,
voisine de la Terre ; & l'on donne le
nom de Goufre à un tournoyement
d'eau qui engloutit les Vaisseaux.
Les entrées des Golphes sont quelquefois étroites, & souvent elles ont
une largeur considerable. Ceux qui
vont sur Mer disent, que les Terres
sont à droite ou à gauche, suivant
que leurs Vaisseaux entrent dans les
Rivieres.

Les Détroits donnent ordinairement communication à deux Mers,
& les plus grands semblent servir de
bornes aux grandes parties de la Terre. Il y a quelques Détroits que l'on

appelle Far ; il y en a d'autres que l'on nomme Bofphore, Euripe, Bouche, Canal, Bras, Manche, Pas.

Les noms de Riviere & de Fleuve font aujourd'hui pris indifferemment, bien que celui de Fleuve femble propre à un cours d'Eau qui conferve fon nom jufqu'à la Mer. En la Geographie, leur droite & leur gauche font fuivant leur courant, mais le contraire eft obfervé en la Marine. Les Rivieres font reprefentées dans les Cartes par des lignes qui vont en ferpentant, & on peut confiderer leurs fources, leurs cours, leurs accroiffemens & leurs embouchûres. Les hautes parties des Provinces, font celles qui font vers le commencement des principales Rivieres qui y paffent : Leurs baffes parties font vers la fin de ces mêmes Rivieres.

Les Lacs different des Marais ou Palus, parçe que ceux-ci ne font pas toûjours pleins d'Eau.

Si l'on veut comparer la figure de quelques parties de la Terre à celle

des parties de l'Eau , on trouvera
que le Continent reſſemble à l'O-
cean , la Preſqu'Iſle au Golphe , l'Iſle
au Lac , & l'Iſthme au Détroit. La
plûpart des parties ſus-mentionnées ,
n'ont ſouvent que la ſeule premiere
lettre de leurs noms ſur les Globes &
les Cartes de Geographie.

F I N.

TABLES
de
GEOGRAPHIE

dreßées pour connoître dans les Cartes,

les Païs, les Provinces,

et les Principales Villes du Monde.

Par P. DU-VAL Geographe du Roy.

Monde Terrestre.
Amerique.
Afrique.
Asie.
Europe.
France.
Espagne.

XVII. Provinces.
Suisse.
Italie.
Alemagne.
R.^{mes} du Nort.
Empire des Turcs.
Isles Britaniques.

A PARIS.

Chez Melle Du-Val Fille de l'Auteur

sur le Quay de l'Orloge proche le

coin de la rüe de Harlay á l'ancien Buis.

LE MONDE TERRESTRE

est de trois sortes.

Polaire,

Nouueau,

Ancien.

le Monde Polaire

consiste en

Terres Arctiques,

et

Terres Antarctiques.

le Monde Nouueau est l'Amerique.

le Monde Ancien *comprend trois grandes parties.*

l'Afrique,

l'Asie,

l'Europe.

LES TERRES ARCTI= =QVES

sont

l'Estotilande,

la Gronelande,

l'Islande,

le Spigelberg,

la Nouuelle Ziemle,

la Terre de Iesso.

LES TERRES ANTARC= =TIQVES

la Nouuelle Güincé,

les Isles de Salomon,

la Nouuelle Zelande,

la Terre de Feu,

la Terre de Qüir,

la Nouuelle Holande,

2 # L'AMERIQVE

est de deux sortes,

Septemtrionale et Meridionale.

les Pays de l'Amerique septemtrionale, du septemtrion au Midi.

le Canada, ou la Nouuelle France,

la Virginie,

la Floride,

le Nouueau Mexique,

le Mexique, ou la Nouuelle Espagne,

les Isles Antilles.

les Pays de l'Amerique Meridionale, le long de la Mer.

la Terre-ferme, diuisée en { Castille d'Or, Guayane.

le Perou,

le Chili,

la Magellanique,

le Paraguay, diuisé en... { Tucuman, la Plata.

le Bresil,

---

le Canada a Quebec.

la Virginie.....PomeioK.

la Floride......S.t Augustin.

le Nouueau Mexique Santa Fé.

le Mexique....Mexico.

les Isles Antilles. San-Domingo.

la Castille d'Or..Panama.

la Guayane...Manoa-eldorad.

le Perou........Lima.

le Chili.........la Conception

la Magellanique Ciudad Felippe

le Tucuman...Santiago del Estero

la Plata,......L'Assomption.

le Bresil........S. Saluador.

L'AFRIQUE

est divisée en quatre autres parties.

Le Païs des Blancs,

Le Païs des Noirs,

l'Ethiopie,

et les Isles.

Le Pays des Blancs comprend.

la Barbarie,

l'Egipte,

le Biledulgerid,

et le Desert,

le Pays des Noirs a trois parties.

la Nigritie,

la Nubie,,

et la Guinée.

l'Ethiopie est de deux sortes.

Haute Ethiopie, ou Abissinie,

Basse Ethiopie divisée en.... { Congo, Cafrerie et Monomotapa, Zanguebar.

la Barbarie a   Fez

l'Egipte .... Le Grand Caire

Le Biledulgerid ... Tarudante.

Le desert .... Zanhaga.

La Nigritie ...... Tombut.

La Nubie .... Nubie.

La Guinée .... S. George de la Mine.

l'Abissinie........ Amba-Guexem

le Congo .... S. Saluador.

la Cafrerie...... Cofala.

le Monomotapa Zumbaoe.

le Zanguebar... Mélinde..

Les Isles d'Afrique sont,

ou en l'Ocean.

Les Terceres.

Maderé,

les Canaries,

les Isles du Cap Verd,

Madagascar.

ou en la Mer Méditerrance.

Malthe.

L'ASIE

est cõsiderée en Terre-ferme, et en Isles.

les Parties de la Terre-ferme suivant les Quartiers du Monde sont

Vers le couchant { La Turquie d'Asie. La Georgie. L'Arabie.

Vers le milieu ...... La Perse.

Vers le Septemtrion La Tartarie.

Vers le Leuant ...... La Chine.

Vers le Midi ...... L'Inde.

L'Inde est diuisée en trois parties.

La Terre-ferme, ou l'Empire du Mogol.

La Presqu'Isle deça le Gange.

La Presqu'Isle de là le Gange.

La Turquie a .... Alep.

La Georgie .... Cori.

l'Arabie .... Aden.

La Perse .... Isfaham.

La Tartarie .... Muoncheu?

La Chine .... Peguim.

l'Empire du Mogol.. Delli.

la Presqu'Isle de l'Inde deçà Goa.

la Presqu'Isle de l'Inde de là, Malaca.

les Isles de l'Asie sont, ou en l'Ocean, ou en la Mer Mediterranée.

les Isles en l'Ocean,

Vers le Midi { Isles Maldiues. Isle Ceilan. Isles de la Sonde.

Vers l'orient { Isles du Iapon. Isles Philippines. Isles Moluques.

Les Isles en la Mer Mediterranee.

Chipre.

Rhodes.

4 **L'EVROPE** a

vers le couchant, trois R.mes Hereditaires.

la France .... Paris.
l'Espagne, ... Madrid.
le Portugal, ... Lisbone.

vers le milieu, 3. Regions, chacune à divers Souverains.

les Frontieres de France.
l'Italie .... Rome.
l'Alemagne qui est un Empire Vienne.

vers le septemtrion 3. Royaumes Hereditaires.

le Danemarq ..... Coppenhage.
la Noruége ...... Berghen.
la Suéde .... Stokholm.

vers le levant, trois grands Estats.

la Pologne R.me Electif .... Varsovie.
la Moscovie grand Duché Moscou.
la Turquie Empire ... Constantinople

les Frontieres de France, sont

les Pays Bas ou sont { la Holande .... Amsterdam
{ la Flandre .... Bruxelles.
la Lorraine ... Nanci.
la Franche-Comté ... Dole.
la Suisse ...... Zurich.
la Savoye ...... Chamberi.

sous le nom de Turquie, on peut connoistre

la Hongrie { au Turc .... Bude.
{ l'Austriche ...... Presbourg.
la Transiluanie)
la Valachie ......) Tributaires du Turc
la Moldauie ...)
Raguse Republique)
la Petite Tartarie ... Alliée du Turc

Les Isles de l'Europe en l'Ocean.

la grande Bretagne qui consiste en { Angleterre Londres.
{ Escosse ... Edimbourg
l'Irlande .... Dublin.

en la Mer Mediterranée.

la Sicile, Sardaigne, Corse & Candie.

5 # LA FRANCE.

Suiuant la tenüe des Estats
generaux du Royaume, l'an 1614.

à 12 grands Gouuernements.

4. Vers le Septentrion.

Picardie .... Amiens.
Normãdie .... Rouen.
Isle de France .... Paris.
Champagne ...... Troyes.

4. vers le milieu.

Bretagne .... Rênes.

Orlea- / nois
 Maine ..... Le Mans.
 Perche ..... Nogent-le-retrou
 Beauçe .... Orleans.
 Niuernois .. Neuers.
 Touraine .. Tours.
 Anjou ..... Angers.
 Poictou ..... Poictiers.
 Angoumois Angoulesme
 Berri ...... Bourges.

Bourgogne.
 Bourgogne Diyon.
 Bresse .... Bourg en Bresse

Lyonnois
 Lyonnois. Lyon.
 Auuergne .. Clermont.
 Bourbonnois. Moulins.
 la Marche. Gueret.

4. vers le Midi.

Guienne
 Bearn ..... Pau.
 Gascogne .. Auch.
 Guyenne .... Bourdeaux
 Saintonge .. Saintes.
 Perigord ... Perigueux.
 Limosin ..... Limoges.
 Querci ..... Cahors.
 Rouergue. Rodez.

Languedoc
 Languedoc Toulouse.
 les Ceuennes ... Viuiers.

Dauphiné .... Grenoble.
Prouence .... Aix.

L'ESPAGNE

à 15. grandes Parties,
et presque toutes, auec titre de Roïaume.

5. sur l'Ocean.

Biscaye ···
- Biscaye ..... Bilbao.
- Guipuscoa ... S. Sebastien.
- Alaua .... Vitoria.

Asturie .... Ouiedo.
Galice .... S. Iacques. de Compostelle.
Portugal à son Roy .... Lisbone.
Andalousie .... Seuille.

5. sur la Mer Mediterranée.

Grenade .... Grenade.
Murcie .... Murcie.
Valence .... Valence.
Catalogne .... Barcelone.
Les Isles de .... Maiorque &

---

5. au dedans du Païs.

Aragon .... Sarragosse.
Nauarre .... Pampelune.

Castille-vieille ....
- Burgos,
- Valladolid.

Castille-Neuue ....
- Tolede,
- Madrid.

Leon .... Leon.

LE PORTVGAL

a six Prouinces ou Gouuernements.

Entre-Douro et Minho .... Porto.
Tra-Los-Montes ...... Bragança.
Beïra .... Coimbra.
Estremadura .... Lisbone.
Alentejo .... Euora.
Algerbia .... Faro.

LES XVII. PROVINCES DES PAIS-BAS,

Sont de deux sortes.
Prouinces Vnies, connuës sous le nom de HOLANDE
Prouinces Catholiques, connuës sous le nom de FLANDRE.

LES PROVINCES VNIES,

Sont 4. vers l'Occident.

Le Comté de Zelande ... Middelbourg
Le Comté de Holande ... { Dort, Amsterdam.
La Seigneurie d'......... Vtrecht.
Le Duché de Gueldres ... Nimmegue.

et 4. vers l'Orient.

Le Comté de .... Zutphen.
La Seigneurie de Transsÿalane Deuenter.
La Seigneurie de Frise ..... Leuuardem
La Seigneurie de .... Groningue.

LES PROVINCES CATHOLIQVES

Sont 4. frontieres de France.

Le Comté de Flandre .... Gand.
Le Comté d'Artois } .... Arras.
  aujourdui au Roy.
Le Comté de Hainaut ... Mons.
Le Duché de .... Luxembourg

et 5. au dedans du pais.

Le Duché de Brabant ... Bruxelles.
Le Marquisat du st Empire Anuers.
La Seigneurie de ..... Malines.
Le Comté de .... Namur.
Le Duché de .... Limbourg.

Il y a aussy deux fiefs d'Empire.

l'Euesche de .... Liege.
l'Archeuesche de ...... Cambrai.

⁸ **LA SUISSE**

obeit à

13. Cantons,

Zurich, Protestant.

Berne, P.

Lucerne, Catholique.

Vri, C. à Altorf.

Schwitz, C.

Vndervalden, C. à Stantz.

Zug, C.

Glaris, C.P.

Basle, P.

Fribourg, C.

Soleurre, C.

Schafouse, P.

Appenzel, CP.

Plusieurs Alliez

la Ligue Grise
la Cadée   } C.P...Coire.
les Droitures
le Vallais,   C.P. Sion.

les Evesques de { Sion, C. Martinach.
                  Basle, C. Porentru.
                  Constance, C. Mersbourg.
                  Coire, C. Marsoila.

l'Abbé de S. Gall, C. Wil.

les Villes de { S. Gall, P.
                Neuchâtel, P.
                Bienne, P.
                Geneve, P.
                Mulhausen, P.
                Rotweil, C.

L'ITALIE

a trois grandes Parties,

La Haute dite Lombardie,

La Moyenne.

et La Basse.

Il y a en la Haute

Le Piemont,

Le Monferrat,

Le Duché de Milan,

l'Estat de la Republique de Gènes,

Les Duchés { de Parme, de Modene, de Mantoüe.

l'Estat de la Republique de Venise

l'Evesché et Principauté de Trente

Il y a en la Moyenne

l'Estat de l'Eglise,

Le Grand Duché de Toscane,

l'Estat de la Republique de Lucques.

Il y a en la Basse,

Le Royaume de Naples.

La pluspart de ces Estats

ont des Villes capitales de

mesme nom.

Le Piemont.............Turin.

Le Monferrat........Casal.

La Toscane...........Florence,

l'Estat de l'Eglise......Rome.

On y peut adjouster po. une 4e partie

les Isles de { Sicile, Sardaigne, Corse } où sont { Palerme, Callari, La Bastie

L'ALEMAGNE *est de deux sortes,*
Haute, et Basse,
Suiuant le cours du Rhin de l'Elbe et de l'Oder

La Haute a 4. Regions vers l'Occident.

l'Alsace . . . . Strasbourg.
le Palatinat du Rhin . . . . Heidelberg.
La Franconie . . . . Virsbourg.
La Soüabe . . . . Ausbourg.

Et 4 grands Estats vers l'Orient.

Le Tirol . . . . Inspruck.
la Bauiere { Duché . . . . Munick.
qui est de deux sortes { Palatinat . . Amberg.
la Boheme { La Boheme . . Prague.
que comprend { La Silesie . . . Breslau.
{ la Morauie . . . Brinn.
l'Austriche { l'Austriche . . Vienne.
où sont { la Carinthie . . Clagenfurt.
{ la Carniole . . Laubach.
{ la Stirie . . . . Grets.

La Basse Alemagne
a autant de parties que la Haute.

4. vers l'Occident.

les Archeuesches Electoraux de { Mayence, Treues, Cologne
la Succession de Cleues et Iuliers, Dusseldorp.
la Vestphalie . . . . Munster.
La Hesse . . . . Cassel.

Et 4. vers l'Orient, *connües*
Sous le nom de Saxe.

La Saxe
Electorale
où sont
{ La Turinge . . . Erfort.
{ La Misnie . . . . . Dresde.
{ La Lusace . . . . . Boutzen.
{ la Haute Saxe par l'Elbe Vittemberg.

La Saxe
à d'autres Princes
{ le Duché de . . . . Brunsuick.
{ la Basse Saxe par l'Elbe { Lubeck. Hambourg.
{ le Mekelbourg . . . Suerin.

Le Brandebourg . . . . Berlin.
La Pomeranie . . . . Stetin.

Les Roïaumes du Nort.

LE DANEMARQ a plusieurs parties.

la presqu'isle de Iutland où sont 4 Dioceses et	Ripen, Arhusen, Alborg, Viborg.
le Duché de Slesvick	Gottorp, Slesvik.
le Duché d'Holstein	Kiel, Glukstad.
les Isles Zelande	Coppenhague.
les Isles Fionie	Ottensée.
la Norvége	Berg, Dronthem.

LA SUEDE a six grandes Regions.

la Gotie	Calmar, Gothebourg.
la Suéde	Stokolm, Vpsal.
la Laponie	Torn.
la Finlande	Vibourg.
l'Ingrie	Notebourg.
la Livonie	Riga, Reuel.
les acquisitions en Alemagne	Stetin. &c.

LA POLOGNE a dix grandes Parties

4 vers l'Occidét et sur la Vistule	Pologne	Cracovie, Posna, Gnesne.
	Mazovie	Varsovie.
	Cuiavie	Vladislau,
	Prusse	Dantzick. Mariembourg.

6 vers l'Orient et au Couchant du Boristhene	Lithuanie	Vilne.
	Samogitie	Rosinie.
	Polaquie	Bielsk.
	Petite Russie	Leopol.
	Volhinie et Podolie qui ont l'Vkraine ou pais des Cosaques	Kiou, Kamenzec

12

L'Empire des Turcs

comprend

en Europe

1.º Partie de

Hongrie . . . . Bude.
Esclavonie . . . . Posega.
Croatie . . . . Vihitz.
Dalmatie . . . . Narença.

2.º au midi du Danube

Bosnie . . . . Seraio.
Servie . . . . Belgrade.
Bulgarie . . . . Sophie.
Romanie . . . . { Constantinople.
                              { Andrinople.

3.º la Grece où sont

Macedoine . . . . Saloniki.
Albanie . . . . Croïa.
Epire . . . . Preueza.
Thessalie . . . . Larisse.
Achaie . . . . Athenes.
Peloponese . . . . Sparte.
Candie et autres Isles . . . . . . Candie.

4.º en { Bessarabie . . . . Bialogrod.
       { Ukraine . . . . . Occziacou.
       { Petite Tartarie { Caffa,
                         { Asoph.

En Asie

Anatolie . . . . Burse,
Armenie . . . . . . Erzerum.
Diarbech . . . . . Bagdahd.
Sourie . . . . . . { Alep,
                   { Ierusalem.
l'Isle de Chipre Nicosie.

partie d'Arabie { Petra,
                { Ana.

partie de Georgie { Teflis,
                  { Teman.

en Afrique

en Barbarie les R.^{mes} de { Tremisen,
                                   { Alger,
                                   { Tunis,
                                   { Tripoli.

l'Egipte { le Caire,
         { Alexandrie.

sur la Coste d'Abex . Suaquem.

Tributaires { Transilvanie,
des Turcs   { Valaquie,
            { Moldauie,
            { Raguse.

Alliés . . { Petite Tartarie.
des Turcs. { Alger, Tunis, Tripoli.

LES ISLES BRITANIQUES

sont au nombre de

deux grandes {
la Grande Bretagne où sont {
l'Angleterre, et l'Escosse.
}
l'Irlande.
}

et plusieurs petites {
en la mer d'Escosse {
les Hebudes,
les Orcades,
Shetland.
}
en la mer d'Irlande {
Man,
Anglesei,
les Sorlingues.
}
en la Manche {
Wiche,
Guerneze,
Ierzé.
}
}

L'ANGLETERRE

a plusieurs parties, provinces &c.

vers le Sud {
West-sex . . . . . Bristol.
Sussex . . . . Chechester.
Kent . . . . . . {
Canterberi.
Douvres.
}
}

vers l'Est {
Essex . . . . Londres.
East-Anglie . . . . Cambrigd.
}

vers le milieu: Mercie . . . . . Oxford.

vers le Nort: Nort-Humbrie - York.

vers l'Oüest . . Galles . . . . . Mon-mouth.

L'ESCOSSE

est de deux sortes; à l'égard du Tay.

Septemtrionale, ou Haute où estoient les Scots {
Aberdon,
Dunkeld.
}

Meridionale, ou Basse où estoient les Pictes {
Edimbourg,
Leith,
S. André,
S. Ions-toun,
Dumbar-toun,
Glaskou.
}

L'IRLANDE

a cinq parties

Vltonie au Septemtrion {
Armagh,
Drogdagh.
}

Connacie au Couchant {
Galluvai,
Atlone,
}

Mommonie au Midy {
Vaterfort,
Limerik,
}

Lagenie au Leuant {
Dublin,
Vexford.
}

Medie au milieu . . . . . Trim.